Goldene Lyrik

Band 1

Lord Byron
Evelyne Bechmann
Petruta Ritter

und andere

Herausgeber: Premieren-Verlag 2016
Lektorat und Satz: Premieren-Verlag, 91541 Rothenburg
Bildnachweis: Evelyne Bechmann, Petruta Ritter, wikipedia,
fotolia.
Übersetzung der Lord Byron-Gedichte: Otto Gildemeister, 1877
Bitte beachten Sie, dass die Übersetzung in ihrer ursprünglichen
Form belassen wurde.
Herstellung und Verlag: BoD - Books on Demand, Norderstedt

ISBN 9783741297311

Lord Byron

* 22. Januar 1788 in London
† 19. April 1824 in Messolongi, Griechenland

Drei Jahre nach Byrons Geburt im Jahre 1788 starb sein hoch verschuldeter Vater John – Selbstmord. So musste George mit seiner psychisch labilen Mutter zunächst in Schottland in großer Armut leben. Zudem hatte er von Geburt an eine Behinderung: einen Klumpfuß. Mit zehn Jahren erbte er den Adelstitel eines Lords und Newstead Abbey, das Herrschaftshaus seiner Familie. Doch das Haus war völlig heruntergekommen, das Vermögen treuhändisch festgelegt. Doch ein für ihn bestellter Vormund gab letztendlich nach, so dass Lord Byron endlich ein einigermaßen sorgenfreies Leben führen konnte.

Harrow School und Cambridge

1808 nahm er den ihm zustehenden Sitz im Oberhaus, dem House of Lords, ein. Zuvor hatte er noch einige unangenehme Jahre an der Harrow School zu überstehen: mit seinem Klumpfuß blieb er ein Außenseiter. Schon in diesem Alter hatte er einige unglückliche Lieben erlebt. Nach Cambridge, das jungen Adligen weniger zum Studieren, denn zu gesellschaftlichen Zwecken diente, wechselte er mit siebzehn Jahren. Mit seinen Freunden Hobhouse und Matthews erforschte er neue Ufer des Sexuellen, er entdeckte seine Bisexualität.

Der literarische Durchbruch

Eine tiefe Leidenschaft entwickelte er für den Chorknaben Edleston. Ihm widmete er einige Gedichte, von denen das bekannteste "To Thyrza" ist. Sein Buch "Childe Harold" machte ihn über Nacht bekannt. Seine vorangegangenen Veröffentlichungen, zwei Sammlungen Juvenilia und eine Satire auf das literarische Leben, "English Bards and Scotch Reviewers", fielen bei Lesern und Kritikern durch. Erstere hatten eine heftige Kritik des "Edinburgh Review" auf sich gezogen, auf die er mit der Satire zu antworten versuchte.

Erste Flucht aus England

1809 verließ Lord Byron fluchtartig England – wegen seiner Schulden, als Folge eines Lebens als Dandy. Er selbst kommentiert das in einem Brief so: "Wenn die Konsequenzen der Tatsache, dass ich England verlasse, noch zehn Mal so desasträs wären wie Sie sie beschreiben - ich habe keine Alternative. Es gibt Umstände, die es unerlässlich machen. Ohne Verzug muss ich das Land verlassen." Seine Reise führte ihn nach Portugal, Spanien, Malta, Albanien, Griechenland und Kleinasien.

Ein Mann mit zweifelhaftem Charakter

Zurückgekehrt schrieb er oben schon erwähnte Verserzählung "Childe Harold". Die Veröffentlichung der ersten beiden Canti im Jahre 1812 machten ihn schlagartig bekannt. Freilich wurde durch das Verhältnis zu einer verheirateten Frau, Lady Caroline Lauch, sein Ruf als Mann von zweifelhafter Moral geprägt. Nach nur drei Monaten trennte er sich von ihr. Sie verfiel in Depressionen und erlitt eine Magersucht.
1813 nahm er wahrscheinlich eine Beziehung zu seiner Halbschwester Augusta auf. Deren 1814 geborene Tochter war auch Byrons Kind. Er selbst über diese zweifelhafte Liason: "Diese

perverse Leidenschaft war meine tiefste." Literarische Frucht dieser Verhältnisse waren die Liebesgedichte "Stanzas for Augusta" und "Epistle for Augusta". So findet sich das Motiv der Geschwisterliebe mehrere Male in seinem Werk.

Seine zweite Flucht

Um seinen Ruf zu rehabilitieren, heiratete er 1815 jedoch Annabella Milbanke. Die sich mit Mathematik beschäftigende Annabella und der narzisstische Dichter waren jedoch wie Feuer und Wasser, zumal Byron wohl auch zu cholerischen Anfällen neigte. Zwar wurde noch im Dezember 1815 die gemeinsame Tochter Ada geboren, doch Anfang 1816 verließ Annabella ihren Mann. Die Trennung war erneut ein Skandal und wieder musste Byron England im April desselben Jahres verlassen. Er zog an den Genfer See, wo er mit seinem Arzt Pollidori sich die Villa Diodati teilte. Im Oktober zog er schließlich nach Venedig und verkaufte Newstead Abbey. Gräfin Teresa Giuccioli wurde in Venedig seine Muße. Inspiriert durch Teresa nahm er schließlich politische Aktivitäten auf, prompt folgte die Verbannung nach Pisa. Hier lebte er gemeinsam mit der Gräfin bis 1823.

Das Ende in Griechenland

Anfang des Jahres 1823 führte sein Abenteuergeist ihn aber nach Griechenland, um am Befreiungskampf der Griechen gegen die Osmanen teilzunehmen. Im Jahr darauf erkrankte er schwer. Falsche medizinische Behandlung und sein durch exzessiven Lebenswandel geschwächter Körper führten dazu, dass er am 19. April 1834 im Alter von 36 Jahren starb. Während der Tod anderer großer englischer Spätromantiker wie Shelley und Keats kaum bemerkt wurden, erregte Byron mit seinem Tod ein letztes Mal großes Aufsehen. Die Nachricht von seinem Ableben verbreitete sich in Windeseile quer durch Europa.
Besonders seine Rolle als Freiheitskämpfer spielte hierbei eine große Rolle – dabei war er zu keiner Zeit an Kampfeshandlungen beteiligt. Dennoch: In Griechenland gilt er bis heute als Volksheld.

Ich sah dich weinen

Ich sah dich weinen, hell und schwer
Die Trän im tiefsten Blau
Da däuchte mir, das Auge wär
Ein Veilchen, feucht von Tau
Ich sah dich lächeln, bleich und fahl
Erschien des Saphiers Glühn
Besiegt von dem lebend`gem Strahl
Den deine Blicke sprühn.

Wie das Gewölk den goldnen Saum
Von jener Sonn´ empfängt,
Den selbst der Abendschatten kaum
Vom Himmelszelt verdrängt
So strahlt dein Lächeln all sein Glück
Ins finstere Gemüt
Und lässt den Sonnenschein zurück
Der hell das Herz durchglüht.

Sie schreitet in Schönheit

Sie schreitet in Schönheit, wie die Nacht
Bei wolkenlosen Atmosphären
Und sternklaren Himmeln
Und alte Vorzüge des Dunklen und Hellen
Vereinigen sich in ihrer Erscheinung
Und ihren Augen
So gemildert zu jenem zarten Licht
Das der Himmel dem grellen Tag verweigert.

Ein Schatten mehr, ein Strahl weniger
Hätte die unbeschreibliche Anmut fast beeinträchtigt
Welche in jeder Rabenschwarzen Locke wallt
Oder weich über ihr Antlitz leuchtet
Wo heitersüße Gedanken
Zum Ausdruck bringen
Wie rein, wie teuer ihre Wohnstatt.

Und auf jener Wange und über jene Braue,
so weich, so ruhig, und doch so beredt,
erzählt das Lächeln, das einnimmt,
die Farben, die strahlen,
Nur von Tagen, die in Güte verbracht sind
Einem Geist, der im Frieden ist
Mit allem hier drunten
Einem Herz, dessen Liebe unschuldig ist.

Letzte Worte über Griechenland

Was ist mir Ruhm und Ehre, was die Qual
In der ein Volk gebiert ein neues Reich?
Ich stürb' dafür. Doch hätte ich die Wahl
Ich ließ die Krone: Lorbeer macht mich reich
Ich bin ein Narr der Leidenschaft
Einmal nur blickst du kalt mich an
Ich werde bleich ein Vogel
Dem ein Vipernblick befahl
Herabzustürzen in des Todes Reich
So blendend ist, so bannend dieser Strahl
So stark dein Zauber - oder ich so weich.

Liebe und Tod

Ich sah dich an, wir standen dicht am Feind
Bereit zu schlagen war ich (für uns zwei
Gab es nur diese Hoffnung) - so vereint
Mit dem Geliebten doch, geliebt und frei.

Ich sah dich an, als Brandung unsern Bug
An Felsen trieb, als nichts als Sturm und Not
Und Angst war, hieß dich an mich klammern
Trug dich wie ein Boot - ob lebend oder tot.

Ich sah dich an - dein Aug im Fieberglanz
Lagst du auf meinem Bett, fiel auf die Knie
Vom Anschaun überwältigt, wollte ganz
Ja ganz dort bleiben, stürbest du so früh.

Die Erde bebte, schüttelte das Haus
Wie trunken schwankten Menschen und Natur
Nach wem späht ich da angstvoll suchend aus?
Nach dir - nach dir -, um dich zu retten nur.

Als mir die Sinne schwanden
Als der Krampf mich hilflos machte
Aller Worte bar
An dich - an dich allein - im Todeskampf.
dacht' ich - ach! öfter wohl, als heilsam war.

So viel und mehr und doch liebst du mich nicht,
und wirst es nie - ich weiß ja: unsern Trieben
befiehlt kein Wille, steuert keine Pflicht.
So muss ich wild, verkehrt, wahnsinnig lieben.

Als sich mit Schmerzen

Als sich mit Schmerzen
In Tränen und stumm
Trennten die Herzen
Wer sagt, warum?
Kalt dein Gesicht und blass
Kälter dein Kuss
O damals ahnt ich,
Was nun kommen muss.

Es taute der Morgen
So schaurig kühl
Mich warnte verborgen
Ein Vorgefühl
Die Schwüre verwehten
Die Ehre zerbrach
Dein Ruf ist zertreten
Und mein deine Schmach.

Dein Name umklingt mich
Wie Totengeläut
Ein Schauer durchdringt mich
Als liebt ich noch heut
Wie gut ich dich kannte
Wem ist es bewusst?
Wer weiß, wie mir brannte
Von Reue die Brust?

Verstohlen besessen
Verstohlen beweint
Dass du mich vergessen
Verraten den Freund
Nach langem Büßen
Wenn Jahre herum
Wie soll ich dich grüßen? In Tränen und stumm.

So werden wir nicht mehr schweifen

So werden wir nicht mehr schweifen
Umher in der späten Nacht,
Wenn das Herz auch noch verliebt ist
Und der Mond noch immer lacht.

Denn das Schwert verschleißt seine Scheide
Und die Seele verschleißt die Brust
Und das Herz muss ruhn um zu atmen
Und Liebe rasten von Lust.

Ist die Nacht auch gemacht für die Liebe
Und der Tag folgt zu schnell der Nacht
So werden wir doch nicht mehr schweifen
Wenn der Mond vom Himmel lacht.

Doch du, Ungläub'ger

Doch du, Ungläub'ger, sollst dich ringen
Wenn Monkir wird die Sense schwingen
Sollst, wenn du seiner Qual entflohn
Umwandeln Eblis düstern Thron
Glut, ungestillt und nie zu stillen
Soll dir im Herzen endlos quillen
Es kann kein Mund mit Worten malen
Der innern Hölle Folterqualen
Zuerst, als Vampyr umzugehn
Soll aus der Gruft dein Leib erstehn
Dann schleich als Scheusal in dein Haus
Und saug das Blut den Deinen aus
Um Mitternacht entströmt das Blut
Des Kinds und Weibes Lebensflut
Doch deinem Leichnam groß und fahl
Soll ekel werden dieses Mahl

Dein Opfer selbst, eh es verblich
Erkenn als seinen Vater dich
Am Stamm welkt deiner Blumen Leben
Dir, so verflucht, den Fluch dir geben
Doch eine soll als Opfer fallen
Die Jüngste, Liebste dir von allen
Die soll dich segnend Vater nennen
Dies Wort wird dir im Herzen brennen!
Doch würgen musst du sie und sehn
Der Wange letztes Rot verwehn
Den letzten Blick, der glasig stiert
Da leblos drin das Blau gefriert
Dann reiße mit verruchter Rechte
Vom Haupt herab die blonde Flechte
Von der ein Löckchen sonst, ein Haar
Ein süßes Pfand der Liebe war
Dir soll es jetzt ein Zeichen sein
Der grauenvollsten Todespein!
Es triefe dir von Zahn und Mund
Das beste Blut aus deinem Bund
Dann tappe nach dem Grabe stumm
Treib mit Dämonen dich herum
Bis diese Schar, vor Schreck erbleicht
Dir dem verfluchten Unhold weicht.

Also, schwärmen soll ich nimmer

Also, schwärmen soll ich nimmer
Schwärmen in die späte Nacht
Wenn das Herz auch liebt wie immer
Und der Mond noch freundlich lacht.

Denn das Schwert zerstört die Scheide
Und das Herz verzehrt die Brust
Und der Ruh bedürfen beide
Unsre Lieb und unsre Lust.

Liebe liebt den Sternenschimmer
Und zu schnell entflieht die Nacht
Aber schwärmen werd ich nimmer
Wann der Mond am Himmel wacht.

Abschied von England vor seiner Reise nach Lissabon

Leb wohl! leb wohl! im blauen Meer
Verbleicht die Heimat dort
Der Nachtwind seufzt, wir rudern schwer
Scheu fliegt die Möwe fort.

Wir segeln jener Sonne zu
Die untertaucht mit Pracht
Leb wohl, du schöne Sonn, und du
Mein Vaterland - gut Nacht!

Mit dir, mein Schiff, durchsegl ich frei
Das wilde Meergebraus
Frag nicht, nach welchem Land es sei
Nur trag mich nicht nach Haus!

Seid mir willkommen, Meer und Luft
Und ist die Fahrt vollbracht
Seid mir willkommen, Wald und Kluft

Mein Vaterland - gut Nacht!

Lebewohl

Lebe wohl, und seis auf immer
Seis auf immer, lebe wohl!
Doch, Versöhnungslose, nimmer
Dir mein Herze zürnen soll.

Könnt ich öffnen dir dies Herze
Wo dein Haupt oft angeschmiegt
Jene süße Ruh gefunden
Die dich nie in Schlaf mehr wiegt.

Könntest du durchschaun dies Herze
Und sein innerstes Gefühl
Dann erst sähst du: es so grausam
Fortzustoßen war zu viel.

Mag sein, dass die Welt dich preise
Und die Tat mit Freuden seh
Muss nicht selbst ein Lob dich kränken
Das erkauft mit fremdem Weh?

Immer soll dein Herz noch schlagen
Meins auch, blut es noch so sehr
Immer lebt der Schmerzgedanke
Wiedersehn wir uns nicht mehr?

Solche Worte schmerzen bitter
Als wenn man um Tote klagt,
Jeder Morgen soll uns finden
Im verwitwet Bett erwacht.

Suchst du Trost, wenns erste Lallen
Unsres Mägdleins dich begrüßt
Willst du lehren Vater rufen
Sie, die Vaters Huld vermisst?

Alle meine Fehltritt kennst du
All mein Wahnsinn fremd dir blieb
All mein Hoffen, wo du gehn magst
Welkt, doch gehts mit dir, mein Lieb.

Lebe wohl! Ich bin geschleudert
Fort von allen Lieben mein
Herzkrank, einsam und zermalmet
Tödlicher kann Tod nicht sein.

Sobald ein stolzer Mensch zur Erde kehrt...

Sobald ein stolzer Mensch zur Erde kehrt
Erhaben durch Geburt, sonst arm an Wert
Erschöpft des Bildners Kunst den Pomp der Trauer
Die Urne leiht dem Namen ihre Dauer
Und auf dem Leichensteine steht zu lesen
Was einer sein soll, nicht was er gewesen
Der arme Hund, der beste Freund der Welt,
Beim Willkommen zärtlich und beim Kampf ein Held
Dessen treues Herz, von keiner Not gedämpft
Nur für den Herrn lebt, atmet, keucht und kämpft

Sinkt ungeehrt ins Grab, ein Himmel fehlt
Der Seele, die auf Erden ihn beseelt
Weil ja der Mensch, der eitle Wurm
Die Welt der Sphären sich ausschließlich vorbehält
Oh Mensch! Du Schwächling mit der Stundenpracht
Entehrt durch Knechtschaft und verderbt durch Macht
Wer recht dich kennt, der flieht vor Ekels schon
Missratner Klumpen von belebtem Thon
Wollust ist deine Liebe, Freundschaft Lug
Dein Lächeln Heuchelei, dein Wort Betrug
Gemeine Art, mit Namen stolz verbrämt
Erröte, vom verwandten Vieh beschämt
Ihr, die ihr diese schlichte Urne seht
Sie ehret nicht, was ihr betrauert, geht
Von einem Freund erzählt dies Denkmal mir
Ich kenne einen bloß - und der liegt hier.

O mahne nicht

O mahne nicht, o mahne nicht
An die verlornen, teuren Stunden
Wo all mein Herz dein eigen ward
An Stunden, hell von Sonnenlicht
Vergessen nie, obwohl verschwunden
Bis unser Herz im Tod erstarrt.

Verschwunden, doch vergessen nie
Die Hand in goldne Locken tauchend
Dein fliegend Herz, die bange Luft
Bei meiner Seel, ich sehe sie
Die stummen Lippen Liebe hauchend
Und feuchtes Aug und weiße Brust.

Du suchst an meinem Herzen Ruh
Im Aug ein Blick so voller Süße
Dass Sehnsucht schüchtern wird und kühn
Ein eng Umarmen, ich und du
Die heißen Lippen tauschen Grüße
Als wollten sie im Kuss verglühn.

Dein Auge schließt sich, wie im Traum
Begegnen sich die müden Lider
Sein blauer Stern verschleiert liegt
Indes der Wimpern schwarzer Saum
Die Wange streift, wie das Gefieder
Des Raben weich auf Schnee sich schmiegt.

All unsre Liebe kam zurück
Heut Nacht im Traum, und süßer däuchten
Im Traum die Wonnen alter Zeit
Als wenn ich schwelgt in neuem Glück
Wie deins wird nie ein Auge leuchten
Von Wonne wilder Wirklichkeit.

Drum nenne nicht, und mahne nicht
An Stunden die, obwohl vergangen
In holden Träumen auferstehn
Bis einst ein grauer Denkstein spricht
"Sie sind nicht mehr", bis mit den bangen
Die lieben Träume untergehn.

An Florenz

Als Dame ich den Strand verließ
Den fernen Strand, der mich gebar
Dacht ich, kaum mehr mich tief betrübt
Dass ich vom Ort geh, wo ich war.

Doch auf der öden Insel hier
Wo keuchends Haupt des Lebens sank
Wo du allein lächelnd verführst
Seh ich mein Scheiden voller Angst.

Getrennt von Albions Stränden weit
Durchs tiefe, dunkelblaue Meer
Könnt ich schon bald, gewiegt von Zeit
Die Kliffs sehn bei der Wiederkehr.

Was ich auch immer noch durchstreif
Bei Klimas Glut, auf bunter See
Ob mir die Zeit die Heimat zeigt
Nie wird mein Aug dich wiedersehn.

Dich sehn, die allen Zauber fasst
Der lose Herzen selbst verführt
Der'n Anblick nur schon Staunen lässt
Verzeih dies Wort: zu Liebe führt.

Verzeih dies Wort zu einer, die
Kein andres Wort mehr ärgern könnt
Doch da dein Herz mir nie mehr blüht
Glaub mir, bin dir nur eins, ein Freund.

Könnt ich, ganz kalt dich nur beschaund
Dir, lieber Flüchtling, wen'ger sein?
Könnt ich, was jedem Mensch betraut
Bedrängte Schönheit lassen allein?

Wer dächt', bestanden hat die Form
Gefahrs zerstörerischen Weg
Hat totgeschwingtem Sturm getrotzt
Konnt dem Tyrannenzorn entgehn?

Wenn ich erst, Frau, die Mauern seh
Wo einst Byzanz sich frei erhob
Und Stambuls Säulen östlich stehn
Vom türkischen Tyrann durchtobt.

Könnt auf der Liste großen Ruhms
Noch eine Stadt gerühmter sein
Auf mich wird größre Wirkung tun
Ein Platz, der deinen Ursprung zeigt.

Muss ich auch Abschiedsworte streun
Dein Wunderweichbild winkt mir zu
Wo du bist, kann ich nicht gedeihn
Doch wo du warst, dort find ich Ruh.

»Alles ist eitel, spricht der Prediger«

Ruhm, Weisheit, Liebe und Macht waren mein
Gesundheit und Jugend besaßen mich
Mein Kelch wurde rot von jeglichem Wein
Und zarte Rundungen streichelten mich
In den Augen der Schönheit sonnt ich mein Herz
Und fühlte: die Seele wird weicher
Der Sterblichen Preis, alles irdische Erz
War mein majestätischer Reichtum.

Ich such die Tage abzuzähln
Die die Erinnerung wiederbringt
Ob's Erdenleben sie erhelln
Das mich zum Weiterleben zwingt
Kein Tag ging auf, kein Stündlein floh
Von ungetrübten Freuden
Und keine Falle fing mich noch
Die nicht durch Schmerz geläutert.

Die Schlange auf dem Feld bezwingt
Die Kunst, geschickt zu schaden:
Doch jenes, was ums Herz sich schlingt,
Wer wollt mit Zauberkünsten hadern?
Die Wissenschaft wird's nie verstehn
Noch lockt's hervor ein Musikus
Und doch sticht es auf ewig den
Des Seele es ertragen muss.

Als wir uns trennten

Als wir uns trennten
Ganz still unter Tränen
Mit knacksenden Herzen
Auf Jahre zu währen
Ganz bleich deine Wange
Kalt, kälter dein Kuss
Die Stunde schon kannte es
Hats Leid schon gewusst.

Der Tau jenes Morgens
Fiel kühl auf die Stirn
Er warnte vor Sorgen
Die ich nun fühl hier
Dein Schwören – gebrochen
Nur Schein war dein Ruhm
Wird von dir gesprochen
So schäm ich mich nun.

Nennt man deinen Namen
Dann klingelt mein Ohr
Ein Zittern und Bangen
Warst lieb doch zuvor
Wie gut wir uns kannten
Kein Mensch es erriet
Reuen wirst du mich lange
Zu sagen zu tief.

Verse, bei Malta in ein Album geschrieben

So, wie auf einem Grabstein kalt
Manch Name den Passanten fängt
Soll, wenn du dieses Blatt entfaltest
Dein Aug an meinem sinnend hängen!

Und wenn er sich dir dargeboten
Zufällig erst in vielen Jahren
Dann denk an mich, als wär ich tot
Als läg mein Herz hier aufgebahrt.

Evelyne Bechmann

Die Diplom-Schriftstellerin Evelyne Bechmann lebt in Altdorf
bei Landshut.
Menschen, ob klein oder groß, spielten in ihrem Leben immer
wieder eine gewichtige Rolle. Als gelernte Erzieherin hatte sie
immer wieder die Möglichkeit, die Menschen mit ihren
Bedürfnissen, Sorgen, aber auch in Glücksmomenten
kennenzulernen.
Ihre Werke umfassen eine große Bandbreite: von reiner Lyrik
über Märchenbücher und Kurzgeschichten, bis hin zum
großen Roman.

Ihre bisher erschienenen Bücher:

Das Leben im Fokus der Jahreszeiten; Lyrikband 2012

Auf sanften Flügeln durch das Land der Phantasie, Märchen- und
Geschichtenbuch für Kinder; 2013

Gegensätzliches, Texte zum Nachdenken und Schmunzeln für Erwachsene;
2014

Die Frauen der Wittelsbacher, Ein Frauenbild vom Mittelalter bis in die
Gegenwart; 2014

Lebenswege, Lebenslagen, Lebensziele, Texte vom und über das Leben;
2015

Die Rückkehr nach München; Roman 2015

Heimat - Gedanken, Gefühle, Sehnsüchte; Texte und Lyrik 2016

Die Turkanows – Ein Leben für Musik und Ruhm; Roman 2017

Alle Bücher erschienen im Premieren-Verlag.

Die Zeit

Manchmal rinnt sie durch die Finger,
dann wieder steht sie fast ganz still,
sie macht einfach was sie will.

Die meiste Zeit steckt in der Arbeit,
oftmals folgt danach der Absturz,
weil die Ruhephase viel zu kurz.

Die Zeit behandelt uns wie Sklaven,
die Zeitpunkte sind festgelegt,
auch wenn sich Abwehr in Dir regt.

„Zeit ist Geld", so weiß der Fachmann,
schöne Stunden eilen fort,
drängen Dich zum nächsten Ort.

Wo bleibt die Liebe und Erholung?
Hast Du Dein Leben je gelebt?
Willst warten bis die Seele schwebt?

Wann ist der Mensch ein Mensch?

Was macht den Menschen zum Menschen?
Ist´s der Geist, das Denken?
Ist´s soziales Engagement?
Ist´s Verständnis und Güte?
Ist´s Glaube, das Erkennen von Schuld?
Ist´s Freude und Freundschaft?
Ist´s Liebe, Glück und Familie?
Von allem ist´s was,
denn eins allein macht noch keinen Menschen aus Dir!
Verstelle Dich nicht,
man merkt es Dir an!
Sei einfach so wie Du bist,
dann weißt Du was einen Menschen ausmacht!

Lebensblitzlicht (Quadrologie)

Kindheit

Geburt,
liebende Eltern, Bedarf an Pflege,
Schreien, Essen, Schlafen,
erste Laute, erste Worte,
Sitzen, Krabbeln, Stehen, Gehen,
Laufen, Klettern, Welt erkunden,
Küssende Verwandtschaft,
Kindergartenzeit - erste Freundschaften,
Spielen und Lernen,
Schultüte, Schultasche,
erste Lebensplanung
Einschulung - Ernst des Lebens beginnt?

Jugend

Schulzeit,
Lernen fürs Leben,
Unfug machen,
gute Noten - schlechte Noten,
gute Freunde - schlechte Freunde,
sich ändernde Vorbilder,
Pubertät
ausprobieren von Verbotenem.
Wohin geht es im Leben, hat's einen Sinn?
Entdeckung der Geschlechtlichkeit,
erste Liebe - Liebeskummer,
von "Himmelhoch jauchzend"
bis "Zu Tode betrübt",
Schulabschluss – Berufswahl,
Lebenswünsche, Selbstbestimmung.

Endlich Erwachsen

Volljährigkeit,
Erlernen des Berufs,
oder Studium?
Erstes eigenes Geld,
Führerschein - Auto,
Freunde - ausgelassene Partys,
Exzesse - auf die Nase fallen,
langsam Vernunft walten lassen,
Partnerwahl - ganz große Liebe,
Hochzeit
schweben im siebentem Himmel
wieder Bodenhaftung,
Anforderungen im Beruf,
Geburt der Kinder,
Sorgen für die Familie,
Hilfe für die älter werdenden Eltern,
selbst "voll im Saft stehen",
und doch:
Langsam schwächer werdende Kräfte,
Stress,
erste Ermüdungserscheinungen,
Aufbäumen dagegen - es nochmal wissen wollen,
Gedanken um die Absicherung im Alter,
war´s das schon im Leben?

Alter

Rente
Neuorientierung
Suche nach neuen Aufgaben,
füllen der freien Zeit,
alles geht langsamer,
aber auch nochmal Neues genießen können,
alte Freundschaften wieder pflegen,

Verlust des Partners,
Kampf gegen das Alleinsein,
Einschränkung in der Beweglichkeit,
manches Vergessen,
Suchen des Altersruhesitzes,
Rückblick auf die schönen Dinge der Vergangenheit,
kleiner werdende Welt,
hast Du alles Vorgenommene erreicht?
Was kommt noch?
Krankheit - Tod,
Auferstehung?

Und doch:
Es war Dein Leben.

Die Uhr des Lebens

Der Schlag der vollen Stunde,
gibt immer wieder Kunde,
wie kurz deine Zeit wohl ist,
in der du auf der Erde bist.
Die Uhr, sie bleibt nicht steh´n,
sie wird immer dir zur Seite steh´n.

In deiner schönen Kinderzeit,
hast du noch unendlich Zeit.
Wie lange dauert es dann immer,
bis dann das Christkind steht im Zimmer!
Die Uhr jedoch, sie bleibt nicht steh´n,
sie wird immer mit dir geh´n.

In der Schulzeit dann die Stunden,
hast du manchmal lang empfunden.
Und in der weitren Jugend ehrlich,
war die Zeit doch meist entbehrlich.
Die Uhr jedoch, sie bleibt nicht steh´n,
sie wird immer mit dir geh´n.

Wenn du den Beruf gefunden,
arbeitest du viele Stunden.
In der Freizeit gehst du aus,
findest eine „süße Maus".
Die Uhr jedoch, sie bleibt nicht steh´n,
sie wird immer mit dir geh´n.

Denn erwachsen bist du nun,
hast keine Zeit dich auszuruh´n.
Die Familie und die Kinder,
beanspruchen die Zeit nicht minder.
Die Uhr jedoch, sie bleibt nicht stehn',
sie wird immer mit dir geh´n.

Und dann kommen schlimme Tage
und du musst halten Totenklage.
Und zum ersten Mal wird dir bewusst,
dass die Zeit du planen musst.
Die Uhr, sie bleibt gewiss nicht steh´n,
sie wird immer mit dir geh´n.

Im Alter die Zeit wie Sand verrinnt,
du wünscht, du wärst wieder wie ein Kind.
Doch die Zeit dreht keiner je zurück,
drum genieß' dein Erdenglück.
Die Uhr, sie bleibt gewiss nicht steh´n,
wenn die Stund´ dir schlägt, dann musst du geh´n.

Vergangenheit

Es gab so schöne Stunden,
aber auch schlechte,
mit ganz vielen Wunden,
gekämpft um die Rechte.

Das schöne Erleben,
das wollest Du halten,
hättest viel darum gegeben,
doch Deine Bitten verhallten.

Darum lebe in der
Gegenwart

Dein Tun, das sei richtig,
lebe aus vollem Herzen,
Deine Wege sind wichtig,
nur so gibt's keine Schmerzen.

Kurz ist das Leben,
drum schöpf´ aus dem Vollen,
Du kannst so viel geben,
du musst es nur wollen.

Darum geh´ in die
Zukunft

Du weißt nicht, was Dir bevorsteht,
die Neugier führt Dich voran,
keine Ahnung wohin der Weg geht,
glaub nur fest an Dich; dann:

Wird Dein Leben erfüllt sein,
von Glück, Zuversicht und Liebe,
das ganze Himmelszelt ist Dein
und das ganze Weltgetriebe.

Die Wende

Manchmal trägt man schwere Lasten
und hat nicht mal Zeit zu rasten.
Du bist stets im Sog des Strudels
und rennst mit dem Lauf des Rudels.

Zum Innehalten keine Zeit,
sag, geht das nicht zu weit?
Du kommst gar nicht zur Besinnung,
das ist nicht unsere Bestimmung.

Wo bleibt die Zwischenmenschlichkeit,
wenn nur noch herrschen Hass und Neid?
Wo bleibt die Liebe und das Leben,
das uns ja von Gott gegeben?

Wo sind die Ideale hin,
die wir hatten von Anbeginn?
Der Kommerz regiert die Welt,
wer nicht mitrennt fällt.

Und es dreht das Karussell
wie immer viel zu schnell.
Drum halt an, steh stille,
hör was Dir sagt Dein Wille.

Schwimm mal gegen diesen Strom,
Du bist doch kein kleiner Gnom.
Du wirst Dich wie ein Riese fühlen,
Du wirst selber wieder glühen.

Besinn´ Dich auf die wicht´gen Werte,
die man in der Kindheit lehrte.
Nimm Dein Leben in die Hände,
Du wirst schaffen dann die Wende.
Der Versuchung halte stand,
lass Dich nicht drängen an den Rand.

Geburt

Geburt das heißt,
anzukommen in der Welt,
obwohl Du nicht weißt,
was sie Dir entgegenhält.

Umsorgt wirst Du,
am Anfang gern,
ein Gefühl der Ruh´,
doch bald liegt das so fern.

Begleitung nur ein Stück weit,
bald musst Du Dich selbst behaupten,
Du erfährst auch manches Leid,
wenn sie das Herz Dir raubten.

Der Kindheit schöne Tage,
sind schon bald vorbei,
da hilft auch keine Klage,
nur sehr bedingt, da bist Du frei.

Dein Leben musst Du gehen,
schon sehr bald ganz alleine,
Du musst auf Deinen Weg selbst sehen,
Du bist nicht mehr der Kleine.

Kindertage

Wie schnell sind sie vorüber,
der Kindheit schöne Tage,
gesungen hast Du viele Lieder,
gespielt in jeder Lage.

Erkundet hast Du Deine Welt,
die Hilfe war Dir stets gewiß,
wenn Du Dich fühltest wie ein Held,
obwohl grad erst gewachsen das Gebiß.

Dann fing der „Ernst des Lebens" an,
die Schule fordert viel von Dir,
Du schreitet Klass´ für Klass´ voran,
Du fühlst Dich wie ein Arbeitstier.

Erreichst ´nen guten Abschluß,
nun sind sie fort der Kindheit Tage,
bald folgt der erste Kuss,
doch auch so manche Plage.

Fragen an mein Leben (für mein Kind)

Mein Leben, was habe ich erreicht?
Möchte ich noch mal von vorne anfangen?
Das gleiche Leben, die gleichen Fehler,
alles wieder durchleiden?

Schön war die Unbefangenheit der Kindheit!
Das Leben in den Tag hinein,
von allen geliebt!
Schleichend kamen die Anforderungen,
unmerklich, Stellung beziehen!
Fehler machen, aber auch
Gutes tun!
Nicht mehr von allen geliebt werden!
Und dafür alles auf Anfang?
Mit dem Wissen von heute...?

Niemals, mein Kind,
Ich schau auch nicht zurück,
ich genieße die Gegenwart!
Aber, ich halte die Augen offen,
bewussteres Leben,
das Schicksal der Anderen, wichtig!
Zuhören und Schlüsse ziehen,
wo es geht adäquat handeln,
darum geht es in
meinem Leben und auch in Deinem!

Ich habe Dir von meinem Leben erzählt!
Die Zukunft bricht an,
mein Leben neigt sich dem Ende zu!
Was ich getan habe, habe ich getan!
Nichts kann zurückgenommen werden,
ob gut oder schlecht.

Über das Leben

So wie der Phoenix aus der Asche steigt,
so geht es oft in unsrem Leben.
Du hast es oft genug vergeigt,
doch sieben Mal wirds Dir zurückgegeben,
dass Du daraus etwas lernst,
die Fehler nicht mehr wiederkehren,
dass Du etwas Neues tust mit Ernst,
das soll Dich dieses lehren.
Und wenn jemand bittet Dich um Rat,
so darfst Du Dich Ihm nie verschließen,
ob er´s dann umsetzt in die Tat,
das kannst Du nicht erschließen.
Denn jeder muss seine Wege finden,
ob sie krumm sind oder grad,
jeder muss sein Selbst ergründen
und finden den richtigen Pfad.
So geh Dein Leben weiter,
nach Regen folgt oft Sonnenschein,
nimm das Leben heiter.
Wenn Du kannst genieß den Wein,
lass die Trübsal fahren
und wenn Du acht Mal aus der Asche steigst,
Du wächst trotzdem mit den Jahren,
auch wenn Du´s öfters noch vergeigst.
Das Leben ist ein Hoffen und ein Bangen,
genieß die schönen Augenblicke,
denn Weisheit wird Keiner je erlangen,
drum geh über des Lebens Brücke.

Erwachsenenleben

Du stehst in des Lebens Blüte,
lebst voller Leidenschaft,
mit meist fröhlichem Gemüte
und merkst nicht, wie weniger wird die Kraft.

Jetzt wird das Haus bestellt,
beruflich feierst Du Erfolge,
Du bist zufrieden mit der Welt,
hast Freunde und Gefolge.

Die Familie wartet oft auf Dich,
Du stehst auf der Karriereleiter.
Aber wo bleibt eigentlich Dein Ich?
Das Leben treibt Dich weiter!

Die Kräfte werden schwächer,
die Jüngeren drängen nach,
halbleer ist nun Dein Becher,
einsam stehst Du nun am Bach.

Alle haben Dich verlassen,
Dein Einsatz, er war viel zu hoch,
wo sind nun die Menschenmassen,
wieviel Freunde hast Du noch?

Die Familie ist es, die Dir bleibt
und ein kleines Stückchen Welt,
die Zeit immer weiter treibt,
Du bist auf's Abstellgleis gestellt.

Am Schluß da bleibt Erinnerung,
die immer mehr verblasst,
bis dann endlich folgt die Meldung,
dass Dir Jemand nahm die Last.

Adam und Eva oder Mann und Frau

Gott hat Adam zuerst erschaffen,
doch der hing in den Seilen, den schlaffen.
Darum hat er die Eva dazugemacht,
da hat dem Herrgott das Herz gelacht.

Doch unergründbar ist die Frau,
Adam wird im Magen schon ganz flau,
manchmal schnurrt sie wie ein Kätzchen
und er bekommt ein sattes Schmätzchen,
doch andern Tags, man glaubt es kaum,
da jagt sie ihn wohl auf den Baum:
"Wir müssen mehr Erkenntnis haben,
drum woll´n wir uns an den Früchten laben."

Als Adam spricht:
"Die pflück´ ich nicht!",
da ist sie trotzig wie ein Kind
und ist nun selbst am Baum geschwind.
Die Frucht, die essen beide schnell,
der Herr verbannt sie auf der Stell´.
Doch Eva sagt: "Das ist nicht schlimm!
Das kriegen wir schon wieder hin!
Wir woll´n doch in die Welt hinaus
und nicht ewig sitzen rum zuhaus."

Und Adam denkt: "Die Ruh´ ist hin,
ein Arbeitstier ich jetzt wohl bin."
Doch schimpft er mit der Eva nicht,
er hat Angst vorm zweiten Strafgericht.
Ergeben nimmt er an sein Schicksal
und verlässt mit ihr den heil´gen Gral.

Er fortan sie nur auf Händen trägt,
weil sonst sie an seinen Nerven sägt.
Abends tut er sie umgarnen,
vor Nachwuchs mag ihn niemand warnen.
Zwei Knaben steh´n sehr bald vor ihnen,
jetzt muss Adam noch mehr verdienen.

Seit damals sich nicht viel geändert hat
der Mann denkt er sei der bess´re Diplomat,
doch wenn die Frau was wirklich will,
dann setzt sie´s durch mit viel Gefühl.

Die Reife

Manchmal geht der Blick des Lebens
zurück in unsre Kinderzeit,
dann denkt man, alles ist vergebens,
vorbei die beste Lebenszeit.
Doch was Du erlebt im Leben,
hat Dich gebildet und geformt,
hat Dir Dein Wissen und Gefühl gegeben,
dass Du nicht rumläufst wie genormt.
Wenn Du Dein Herz erhalten hast,
kannst Du noch so viel geben,
Anderen helfen zu tragen die Last,
kannst Andere aufheben,
geben neuen Lebensmut,
zu meistern manche Hürde,
manches wird besser, andres gut,
dann ist auch nicht so schwer die Bürde.
Du empfindest nicht mehr Leere,
nein sogar Dankbarkeit,
dass du gemeistert, all das Schwere,
gabst Liebe und Geborgenheit.

Von der Nächstenliebe

In der Mitte Deines Lebens,
bleibst Du steh´n und denkst,
war denn alles nur vergebens?
Du meinst, du weißt es längst!
Das Ehepaar es streitet,
dazwischen steht ein Kind,
statt sich das Herz jetzt weitet,
das Kind, es steht im Wind.
Im Heim, da sitzt der Alte,
döst vor sich hin ganz sacht,
wartet, dass er jetzt ganz erkaltet,
oder dass einholt ihn die Nacht.
Der Fremde steht am Bahnhof,
denkt was er verloren hat,
es findet ihn doch jeder doof,
dabei fühlt er sich krank und matt.
Die Freundin hat ein schönes Kleid
es stammt sicher vom Designer,
doch sie, sie kennt kein Mitleid,
sie will alles nur noch feiner.
Der Arme an der Ecke,
der ist ihr ganz egal.
„Steckt ihn doch in die Hecke,
dann sieht man ihn nicht mal!"
Die Welt wird kalt und kälter,
dabei wär sie ein Geschenk,
wir werden alt und älter,
lasst endlich das Gezänk.
Es kann der Reinste nicht in Frieden leben,
weil es dem bösen Nachbarn nicht gefällt,
lasst uns doch endlich geben,
lasst Frieden werden in der Welt.
Es ist nicht alles vergeblich,
wenn Du was tun kannst, tu´s,
Dein Anteil ist erheblich,
kehr hinfort den Ruß.

Jugend und Alter

Die Jahre kommen, gehen, eilen
und manchmal bleibst Du einfach steh´n,
keine Zeit jetzt zum Verweilen,
das Leben, es muss weitergeh´n.

Vorüber zieh´n der Jugend Jahre,
wie selbstverständlich geh´n sie hin,
von der Wiege bis zur Bahre,
der Weg ist gar nicht so weit hin.

Ganz unbeschwert gehst Du ihn an,
den Weg, der sich das Leben nennt,
meist nimmst Du der Eltern Rat nun an,
im Handeln nicht immer konsequent.

In der Jugend Du viel Unsinn treibst,
die Zeit, sie ist in Mengen da
und wenn Du es mal übertreibst,
ist oft schon bald die Hilfe nah.

Doch nicht lange geht das so,
Du wirst erwachsen, musst was lernen
und dann denkst Du, oh…,
wie meist´re ich bloß den Tag, den schweren?

Verantwortung musst übernehmen,
für die Frau und auch die Kinder,
niemand hilft bei den Problemen
und der Herbst, schon beginnt er.

Ratlos stehst Du oft nun da,
die Zeit rinnt durch die Finger,
Schmerz und Krankheit sind schon da,
die Kraft, sie wird geringer.

Die Zeit fliegt nun vorüber,
was bleibt ist die Erinnerung,
die Tage werden trüber
und Du merkst, Dir fehlt der Schwung.

Und doch hat auch das Alter,
der schönen Seiten viele,
Du bist Dein eigener Verwalter,
kannst festlegen Deine Ziele.

Und naht dann auch das Ende,
ohne Bitternis blick dann zurück,
wenn Du verlässt dann das Gelände,
lässt Du einen Lufthauch nur zurück.

Drum genieße doch Dein Leben,
ganz gleich in welchem Alter,
versuche ab und zu schweben
und fühl Dich wie ein schöner Falter.

Des Alters Freud und Last

Das Alter ist schwer oft zu ertragen,
man sehnt sich dann nach früh'ren Tagen,
wo man noch frohgemut und heiter
stürmt empor auf der Lebensleiter;
wo die Eltern dich noch schützten,
wenn andre Gemüter sich über dich erhitzten;
wo die Verwandtschaft brachte Gaben,
alles, was du wolltest haben;
wo der erste Liebesschmerz
ergriff dein armes, wundes Herz;
wo man dir die Tür aufmachte
und dir froh entgegenlachte;
wo du deinen Partner fandest
und dich voll Glück mit ihm verbandest;
wo deiner Kinder erstes Zähnchen,
dir entlockt ein Freudentränchen;
wo ihr ´ne Familie wart
und habt auf das Haus gespart.
Das liegt alles weit zurück,
vorbei glaubst du dein Lebensglück.
Aber das Ende ist noch fern,
auch für dich leuchtet ein Stern.
Du musst nur den Blick erheben
und angehen dein jetzig' Leben.
Dann hörst du´s auch wieder Lachen,
wenn sie dir die Tür aufmachen,
wenn sie sehen dein Gesicht,
vergiss das bitte, bitte nicht.
Und die Lasten die du trägst,
bald nun in den Wind du schlägst.
Und wenns einmal nicht mehr geht,
du hast wen, der dir zur Seite steht.

Sterben und Tod

Das Erdenleben ist vergänglich,
doch das wird Dir erst bewusst,
wenn Dich erste Leiden quälen,
wenn des Lebens harte Bande,
Dich mehr und mehr bezwingen,
dass Du ruhiger werden musst,
um das Leben auf die Reih´ zu bringen.
Dann ist es Zeit zurück zu blicken,
auf das Schöne, das Du erlebt,
genieße jeden Tag in vollen Zügen
und jede Nacht, in der Du schlafen kannst
und freu´ Dich über das Erwachen,
bevor des „Schlafes Bruder" Dir im Nacken sitzt.
Nimm hin die Tage und die Stunden,
auch wenn es oft beschwerlich ist.
Bedenke doch, es erwartet Dich ein neues Leben
ohne Schmerzen und ohne Pein,
dort darfst Du ganz Du selbst nur sein.
Nimm´ auf Erden Abschied ohne Groll
und denke einfach:
Es war einmal und es wird sein!

Leben und Tod

Sanft plätschern vor sich hin,
die Jahre unsres Lebens.
Macht denn alles einen Sinn,
oder war alles nur vergebens?

Nach der unbeschwerten Jugend,
kam des Lebens Arbeitszeit,
Du meisterst es mit Tugend.
Bald ist alles Schall und Rauch,
selbst die Zeit, die Dir noch bleibt,
ist doch nur ein Lebenshauch,
der Dich fort und fort nur treibt,
ohne jegliche Besinnung,
dann stehst Du an dem Scheideweg,
ohne jedwede Bedingung,
ob König oder Bettler.

Keiner ändert je was dran,
am Ende sind´s vier Bretter
und keiner weiß: Was kommt denn dann?
Was bleibt, das ist der Glaube,
an einen Schöpfer, der uns liebt,
denn der Körper versinkt im Staube,
alles wird hinfort gesiebt.
Zwar löscht der Tod nicht alles aus,
Deine Werke sind´s, die bleiben.
Ob Du dafür bekommst Applaus?

Drum lass im Leben Dich nicht treiben,
leb Deine Tage ohne Reue
und mit großer Zuversicht,
am Ende hält nur "Er" Dir Treue
und Deine Seele sieht das Ewig´ Licht.

Am Ende des Lebens

Blick einmal noch zurück,
erfreu Dich nochmals des Schönen,
denk zurück an Dein Glück,
hörst Du´s noch tönen,
das ist Dein Leben.

Es gab Kummer und Schmerzen
und es gibt sie auch jetzt,
doch gedenk auch der Herzen,
die für Dich schlagen bis zuletzt,
das ist Dein Leben.

Hab´ ein Lächeln auf den Lippen,
wenn Du jetzt gehst,
Du stehst nah an den Klippen,
bevor Du verwest,
doch es war Dein Leben.

Durchs tiefe Tal gehst Du zum Licht,
vergiss das Dein Leben lang nicht.

Petruta Ritter

Petruta Ritter, in Rumänien geboren, besuchte in
ihrer Heimatstadt Jorasti die Hauptschule. Nach
weiteren vier Jahren Lyceum absolvierte sie drei
Jahre lang eine Ausbildung zur ärztlichen Assistentin.
Durch ihre Heirat kam sie im Jahr 1976 nach
Österreich. Das Schreiben faszinierte sie immer
schon und bereits in frühester Jugend schrieb sie –
ursprünglich in Rumänisch, später auch in Deutsch –
ihre Eindrücke.

Durch all ihre Bücher zieht sich wie ein roter Faden
ihr Lebenselixier: die Liebe zur Natur.

Bisher veröffentlichte Bücher:

Gedichtband „Licht und Schatten",
Roman „Im Schatten des Glücks",
Gedichtband „Salzkammergutzauber",
Roman „Die erträumte Freiheit",
Gedichtband „Tränendes Herz",
Roman „Westwind",
Gedichtband „Weggabelung",
Roman „Jasminblüte".

Abschied vom Herbst

Ehe Feld und Flur in dunklem Spätherbst sinkt
Ein letzter Sonnenstrahl dem Garten winkt
Die ersten Fröste hinterm Berg sich halten
Noch lassen sie ein bisschen Wärme walten

Späte Blumen in Dankbarkeit sie preisen
Die warmen Strahlen ehe sie vereisen
Das Kleingetier im Wald hat sich verkrochen
Ein letzter Wunsch der Mensch hat noch gesprochen

Bevor das Kleid des Winters fällt
Und See erfrieren lässt und Feld
Schenk uns ein warmes Lächeln nur
Dann kannst Du folgen Deiner kalten Spur.

Auftrag

Es ist wie ein Auftrag aus zurückliegender Welt
Den mir das Leben zu erfüllen gestellt
Träume, die ungeträumt blieben – einmal
Irrend durch das pulsierende All

Auf der Suche nach geeignetem Instrument
In dessen Saiten Funke der Liebe brennt
Und bewegt sein will auch von meiner Hand
Durch geschriebene Worte aus meinem Verstand

Von Fern her leise erreichen mich
Klänge der Sehnsucht, die fast mütterlich
Mein Herz süß berühren und machen mir Mut
Und das Verlangen zu Schreiben erglüht.

Doch die Sprache macht es mir nicht immer leicht
Manches passende Wort mich mühsam erreicht
Mein Deutsch hat nicht den Muttersprachenrang
Und dennoch, diese Sprache ist mein schönster Gesang.

Das alte Jahr

Vor mir das Ungewisse drückt mich schwer
Noch zögere ich vom alten Jahr zu trennen
Das Künftige kann ich noch nicht erkennen
Noch sind die Blätter im Kalender leer.

Wohl bot das alte Jahr mir Freud` und Tränen
Doch jedes Hindernis, das mir im Wege stand
Mit Mut und Zuversicht ich überwand
Nun drängt die Zeit – ich muss mich von ihm trennen.

Ich schau hinaus in die klare Luft
Die Sonne schleicht wie durch ein fremdes Land
Der Erde fröstelnd zugewandt
Aus dem Buchenwald ein Vogel ruft.

Doch stumme Hoffnungen mein Herz berühren
Und siehe da – die Angst verliert an Macht
Ach, neues Jahr, du wirst mich mit Bedacht
Auch dieses Mal auf rechte Wege führen.

Das Gewitter

Vom Winde getragen aus dem hohen Gebirge
Dunkle Wolken belagern das Tal
Beladen mit sprühenden Blitzen
Und arg bedrohlichem Strahl.

Feindselig tobende Wellen
Dumpf fließen sie mit dem Wind
Schatten verdunkeln die Dörfer
Und Häuser im Nu werden blind.

Vom Sturme gerissen die Bäume entwurzeln
Grollende Donner zerschneiden die Luft
Das Tal eingekesselt von einer Mauer des Schreckens
Der Flut zu entkommen vergebens versucht.

Angstvoll das Herz zuckt im Entsetzen
Und zittert, und wartet auf das Ende der Flut
Kniet sich stumm und hofft, die Vernichtung
Bald weiterzieht und sich reinigt die Luft.

Doch siehe da, die Tropfen des Grauens
In Rückwärtsbewegung auf himmlischen Pfaden
Rauschen dahin in die endlose Ferne
Dort, wo ihre Wut ist entstanden.

Ein Blitz, noch ein letzter über das Feld
Bricht die weinenden Wolken entzwei
Herz, du kannst dich wieder freuen
Der Himmel ist wieder freundlich und frei.

Das kleine Haus

Was ist aus dir geworden, kleines Haus?
Wo ich so oft als Kind ging ein und aus.
Du meine ferne Heimat, wohin ich auch gehe,
Begleitet mich im Herzen deine vertraute Nähe.

Wo blieb der schöne Garten, der meine Zuflucht war?
Still meine Jugendträume barg einst Jahr für Jahr
Wie fern bist Du, o Kindheit, wie trübe deine Welt
Erinnerung von Damals, am Saum der Zeit zerschellt.

Und bleibt konturenlos hinter versperrter Tür
Die Zeit, ach wie vergänglich, verwirrt ich staune nur
Warum mein Ich so klammert, wenn alles flüchtig ist
Du arg zerrissene Seele, ein Knecht des Leids du bist.

Ein Heimatlicht

In dieser Abendstunde
Du gehst den Weg allein
Entlang des Waldes Grunde
Des Baches klarem Schein.

Du willst der Angst entrinnen
Der herben Einsamkeit
Doch tiefe Schatten spinnen
Dich in die Dunkelheit.

Und spotten deiner Schwere
Du fragst nach Sinn und Ziel
Und nach des Lebens Lehre
Und weißt: du fragst zuviel.

Wenn auch die Schritte träge
Wenn auch trüb die Sicht
Du suchst auf spätem Wege
Ein kleines Heimatlicht.

Will Gott so wirst du spüren
Eine vertraute Hand
Die sorglich wird dich führen
Ans Ziel ins Heimatland.

Heimatbesuch

Ein Wunsch, der in mir brannte, führte mich
In meine Heimat, nach so langer Zeit.
Einmal, vielleicht ein letztes Mal zu sehen
Die alt vertraute Gegend meiner Kindheit.

Ich sah im Geiste das Haus meiner Eltern
Mit Dach aus Schilf und gelb gefärbter Wände.
Abseits vom Dorf, in einem Hang gelegen
Das überstand die schwere Zeitenwende.

Den Auwald mit betagten Weidenbäumen
Dem ich die Jugendsehnsucht anvertraut
Durch diese Gegend noch einmal zu gehen
Die einst um mich wie ein Wehrdamm gebaut,

Im Schutze meiner ersten Liebe stand
Diesen Tag ich konnte kaum erwarten
Und ließ im Traum diese Zeit passieren
Lind wie durch einen riesigen Blumengarten.

Es war im Herbst und meine Blicke suchten
Verwirrt den Hügel, wo einst das Haus stand
Und dunkle Ahnungen mein Herz umringten
Um mich sah ich ein ödes, fremdes Land.

Das Herz schlug im Entsetzen wild und bang
Wo blieb das Glück des Lichtes, wo das Haus?
Umsäumt vom Flieder und Akazienbäumen.
Wo blieb der Weg, den ich oft schritt hinaus?

Über die weiten Wiesen traumverloren
Wo sind die Kindheitsspuren, die ich hoffte
zu entdecken hinter den alten Toren?
Wo blieb der Wald, der mich als Kind hinlockte?

Der Strom der Zeit hat alles mitgerissen
Nichts ist geblieben wie es einmal war
Mein Blick vergebens das Heimathaus suchte
Rundum die Leere herrschte, vor meinen Augen klar.

Entsetzt, verstummt am sanften Hang ich stand
Der Wind griff kühl an meine heißen Wangen
Stets mit dem Blick die Weite zu erfassen
Und tiefer Sehnsuchtssinn nahm mich gefangen.

Des Herzens große Sehnen, in der Heimat
Noch einmal zu verweilen, ging zu Ende
Alleine, mit schwer durchwühlter Seele
Ausgebreitet hielt ich meine Hände,

Um liebevoll zu drücken meine Heimat
Die durch die arge Zeit fast umgekommen
Im Herzen tragend tiefe Abschiedswunden
Bevor ich ging den Weg, den ich gekommen.

Ein letzter Dank galt meinen lieben Eltern
Am Grab, das ihren Namen trägt
Rundum im Schimmer vieler Blütenkerzen
Die murmelnd, durch den Wind bewegt,

Lies Mutters Stimme wie ein Lied ertönen.
Umhüllt in einem Lichtstrahl stand
Sie – wie Neugeboren nach dem Tode
Wie in einer anderen Welt, einem anderen Land.

Und doch so nah bei mir, sie gab mir Kraft
Mir flüsternd sanft: "mein Kind, nun hör gut zu.
Gehe Deinen Weg und sei getrost im Herzen
Mir geht es gut, vergönn mir meine Ruh."

Heimkehr des Glücks

Aus dem lauten Tag alle Gedanken
Finden wieder ins traute Heim zurück
Und alles, was dich hielt in schweren Schranken
Trägt nun ein stilles ruh verklärtes Glück.

Im Raum flackert ein gedämpftes Licht
Du hörst den Regen dumpf auf Dächer prallen
Geborgen lässt du dich in weiche Kissen fallen
Mit einem leichten Lächeln im Gesicht.

Der süße Schlaf lockt dich in seinen Traum
Wie aus der Ferne hörst du noch den Regen
Wohlvertrauter Friede füllt den Raum
Das Glück ist heimgekehrt von seinen Wanderwegen.

Herbstankündigung

Ein leises Stöhnen aus des Berges Höhe
Auf Wolkenflügeln gleitet leicht zum Tal
Aus seinem Ton vernimmst Du ein Gefühl der Reue
Du hörst des Laubs Weinen herber Schall
Der Herbst kehrt ein wie jedes Jahr aufs Neue
Wie leer geworden ist des Himmels blauer Saal.

Schon bald der kühle Nebel übers Land
Wird grauen, feuchten Schleier ausbreiten
Das Feld mit seiner kalten Hand
Wird sich das Ruhebett bereiten
Umhüllt im dunklen Gewand
Bewahrt es seine Träume aus den Sommerzeiten.

Herbstmelancholie

Einsam steht die alte Buche auf dem langgezogenen Feld
Ihre Zweige sommermüde wiegen sich vom Wind bewegt
Hörst du nun wie leises Raunen, stöhnend durch die Lüfte geht
Ohne Ziel. Am Hang das Gras in der Abendstille weht.

Auf der braungebrannten Erde nur vereinzelt eine Blume
Öffnet sich – vom hohen Berge hallt zum Tal Spätherbstes Stimme.
Ach, noch nie warst du mein Herz, so schmerzlich in deinem Fühlen
Bis ins Innere durchflutet von schwermütigen Gefühlen.

Nun verstummt sind Vogellieder und die Erde ruht am Grunde
In der kargen Sommerwärme es beglückt uns jede Stunde
Einsam mit verklärten Blicken schaust du wie vergilbtes Laub
Zögernd fällt auf feuchte Erde um zu enden in dem Staub.

Doch manchmal um uns der Garten, wenn auch versehrt in seiner Pracht,
Bevor er ins Versinken gleitet, verstohlen uns entgegen lacht.
Und lässt ein bisschen Wärme strömen durch seine wohltuenden Hände
Wie schön es wär wenn dieser Zauber auch den Weg zu Dir er fände.

Ich pflücke ein Gedicht

Ich pflücke schweigend ein Gedicht
Aus des Herbstes fahlem Licht
Aus seinen milden Tagen
Aus dem satten Duft der Blumen
Aus dem müden Bienensummen
Und aus des Laubes Klagen.

Ich pflücke ein Gedicht aus Feldes Gaben
Aus der Gartenfrucht und aus dem Ruf der Raben
Auch aus der Einsamkeit
Und lass es auf meine Sinne wirken
Getrost im süßen Traum versinken
So entkomme ich der rauen Lebenszeit.

Jugendliebe

Damals, es ist sehr lange her
War ich jung und unsterblich verliebt
Mein Geist, erinnerungsschwer
Dieser süßen Nostalgie sich ergibt.

In den vergilbten Seiten eines Buches
Fand ich geschrieben mit blauer Tinte
Einen Brief – als Zeuge meiner vergessenen Liebe
Der als Lesezeichen mir einmal diente.

Ich will nicht wissen, was aus ihm geworden
In den verstaubten Bildern der vergangenen Zeit
Lasse ich ihn leben im Zauber der Jugend
So nah bei mir und doch unendlich weit.

Kamillenblüte

Eine Kamillenblüte entnahm ich der Wiese
Etwas verlegen – ein gelber Falter daneben
Schaute mich an, als wollte er sagen
„Du hast dich der Traurigkeit hingegeben."

Die Blütenblätter fing ich an zu entfernen
Leise murmelnd den Zauberspruch
„Liebt er mich, liebt er mich nicht
Welches Blatt bleibt am Ende, die Liebe – der Fluch."

Nach der Hälfte der Zählung verließ mich der Mut
Ich zählte nicht weiter, die Angst schlich sich ein
Dass das, was ich erhoffte zu wissen
Konnte nicht nach meinem Wunsch sein.

Ohne ein Wort verließ ich den Platz
Zurück blieb die halb entblätterte Kamillenblüte
Und ging durch das Feld der Hoffnung entgegen
Der Wind blies daher einen Hauch von Güte.

Vielleicht liebt er mich doch. Der Tag rinnt dahin
In der Junisonne - vom Zeitstrom getrieben
Von seinen Wellen lies ich mich heben
Zu einem neuen Aufschwung noch einmal zu lieben.

Lasst mich weinen

Als uns die Welt zu Füßen lag
Waren wir jung und voller Tatendrang
Hand in Hand wir gingen durch das Land
Den Blick zum Lichte zugewandt
Das Leben war ein einziger Gesang.

Dem Glücke zugetan, die Herzen mutig,
Jeder Tag war wie für uns gemacht
Nur selten eine Wolke flüchtig
Warf ihre Schatten schmal und dürftig
Doch stärker war der Sonne Macht.

Nun ich alleine bin, um mich herrscht Stille
Die mich gefangen nimmt, gebändigt sind
Die Jugendwünsche und des Dranges Wille
Auf meinen Lebensweg fällt sanfte Kühle
Oh reisemüdes Herz, dein Herbst beginnt.

Des Blutes Wogen haben sich gelegt
Umkränzt von Frieden ist mein Wesensbild
Doch in der tiefen Seele noch immer mich bewegt
Die alte Sehnsucht, die mich zu Tränen regt
Lasst mich weinen, weinen, wie schon so oft als Kind.

Lauf der Welle

Welle auf Welle
In schäumender Helle
Hallend sie rollen
Durch Kiesel und Algen
Gepeitscht und geschlagen
Zuckend sie schnellen.

Von Schauern durchdrungen
In rhythmischen Schwüngen
Nacheinander gereiht
In ewiger Regung
Von dämonischer Prägung
Den Stürmen geweiht.

Sie fallen und steigen
Ein Drängen und Jagen
Ein süchtiges Spiel
Ihr Wellen, nehmt mit auf die Reise
Auf eure Weise
Mein wehes Gefühl.

Mittagsstille

Verstummt und träge in der Mittagsstille
Hat sich der Tag zur Ruhe hingelegt.
Der Wald am Fluss kein Blatt bewegt
Der Heide keine Wolke spendet Kühle.

Grauer Dunst über das bunte Feld
Schweigend zieht er seine dumpfe Last
Der nach und nach das ganze Tal erfasst
Der Erde Herzensschlag sich ruhig hält.

Entbinde dich auch du von Schmerz und Pflicht
Und wende dein Gesicht zur Sonne hin
Und du wirst spüren wie viel Glück liegt drin
In dieser Kraft von Wärme und von Licht.

Des Lebens freuen, komm gib mir deine Hand
Lass uns vergessen die Leid erfüllte Zeit
Es ist erst Mittag, und die Nacht liegt weit
Schau wie verlockend ruft am Fluss der Sand.

Weihnachten

Die Erde atmet wieder des Himmels kalten Hauch
Aus den Kaminen zitternd gemächlich steigt der Rauch
Die sanfte Zeit tritt näher, in Häusern brennen Kerzen
Und warmer Schein der Lichter bringt Hoffnung in die Herzen.

Mild duftend Tannenkränze – ein tröstlicher Anblick
Das helle Kleid der Kindheit zur Weihnacht kehrt zurück
Und weiß und schön die Seele und schimmernd wie der Wald
Im Zauber des Winters die Heilige Nacht kommt bald.

Auf alten Spuren müde der Wind in dieser Zeit
Im Schatten hoher Berge er träumerisch verweilt
Süß wie ein Klang des Himmels erschallt mit einem Mal
Der Glocke fromme Laute weit über Berg und Tal.

Erwacht aus seinem Schlafe kalt steht der Wald und offen
Und über ihm die Sterne von Leere tief betroffen
In einem Wolkenschleier verbergen sie ihren Schein
Und Schnee flutet die Erde, wie Schaum weiß und rein.

Inmitten einer Lichtung es schlängelt sich die Quelle
Durch moosbedeckte Steine im Murmelklang der Welle.
Ein Reh am Rand des Dickichts in Traum sich Bilder malt
Von bunten Frühlingswiesen und neu ergrüntem Wald.

Im Weihnachtsglück es drängt sich in hellem Kerzenschein
Und steigt aus fernen Zeiten der Wunsch ein Kind zu sein
Die wundersamen Lieder, einer Engelsstimme gleich
Ertönen sanft und leise aus unserem Kinderreich.

Ein Hauch dieser Unschuld mit ihrer sanften Hand
Für eine Nacht uns führe in Wunderweihnachtsland
Und uns die Tore öffne, die nun verschlossen sind
Und sorglos lass uns treten wie schon so oft als Kind.

Und wenn der Sturm des Winters die Erde überschneit
Gefolgt auf schwarzen Flügeln von düsterem Geleit
Im Weihnachtsklang der Glocken aus Kirchen hohen Türmen
Die Freude tut sich auf und hält stand allen Stürmen.

Zauber einer Frühlingsnacht

Du atmest tief, im süßen Schlaf gefangen
Der Hast gewichen du träumst die heile Welt
Die Gartenblumen im Schein des Mondes prangen
Farbenprächtig wie Bilder dargestellt.

Wie viele Stunden bin ich wach geblieben?!
Du machst die Augen auf und siehst mich an
Vertraute Morgenröte hat die Nacht vertrieben
Wie schön beginnt der Tag, du liebster Mann

Des Himmels Brand schon bald auf Wolkensäumen
Zerrinnt ins unbekannte Land
Die Amseln singen in frisch ergrünten Bäumen
Noch halb im Schlaf du suchst nach meiner Hand.

Über dem Berg zum Tal der Wind erwacht
Kommt sanft zu mir als wolle er mir sagen
Wie viele Zaubereien lagen
In der Nacht, die ich mit dir verbracht.

Zu Zweit

Der Herbst hält Einzug übers weite Land
Die Gartenfrucht gereift löst sich vom Ast
Vertrauensvoll ich reiche dir die Hand
In Dankbarkeit für das, was du geschenkt mir hast.

Auf des Herbstes Spur zu zweit zu gehen
Auf einen neuen Weg, wenn noch so weit
Wenn wieder Hoffnung keimt in unseren Herzen
Auf spätem Weg wir gehen froh zu zweit.

Noch gibt der Herbst uns gütig sanfte Wärme
Ringsum das Land schläft friedlich wie ein Kind
Die grauen Wolken gleiten über Hügel
Lautlos getragen von müd` gewordenem Wind.

Verwaist der Himmel ist, seitdem die Schwalben
In ihre zweite Heimat fort geflogen
Der buntgefärbte Wald hält noch die Kälte
In seinem dichten Laub verborgen.

Wie viele Stunden sind wir schon gegangen
Du blickst mich an und sagst: „wie schön du bist"
Beglückt vom Zauberschein der Abendbrände
Wir schauen, wie der Tag die Tore schließt.

Bewahrung der Schöpfung

Wenn erwacht das Morgenrot,
Gottes Schöpfung erster Bot,
Dann ertönt in Wiese, Feld
Gottes Lob auf dieser Welt.

Alle Lebewesen preisen
Dich, oh Gott, mit ihren Weisen.
Sanft das Ährenfeld sich wiegt,
Welche Wunder! Nie besiegt.

Auch die Menschen, wenn erwacht
Loben Gottes schöne Pracht.
Zum Gebet falten die Hände
Um zu danken ohne Ende:

Für die Wunder der Natur,
Für die Blumen auf der Flur,
Für das Rauschen unsrer Wälder,
Dass so fruchtbar unsre Felder,

Für das Atmen frischer Luft,
Für der Blumen schönen Duft,
Das Entfalten aller Blüten.
Dies wir Menschen wollen hüten!

Deine Schöpfung, lieber Gott,
Für uns wichtigstes Gebot:
Die Bewahrung unsrer Umwelt,
Wiese, Wald und Ährenfeld.

Lydia Landauer-Jacobsen

Liebe, Nächstenliebe

Oh Jesus Christus,
der Liebe Gewalt
In Deinem Herzen
für jung und auch alt.
Doch ob wir Menschen
der Liebe sind wert?
Unser Verhalten
auch immer uns ehrt?

Du hast geopfert
Dein Leben so lieb
Ganz gleich für uns alle
und nicht mit dem Sieb.
Von Sklaverei und
auch aus tiefer Not
Hast uns erlöst durch
Deinen **Kreuzestod**!

Warum wir Menschen
so gleichgültig, kalt
Für Deine Liebe
mit Sünde, Gewalt?
Zünde in uns
der **Nächstenliebe** Funk,
Opferbereitschaft,
statt den eitlen Prunk.

Oh lieber Jesus,
wir sind dankbar Dir
Für Deine Liebe.
Nun jetzt alle wir
Den Nächsten auch lieben
und helfen in Not,
Damit nicht **vergebens**
Dein bitterer Tod.

Lydia Landauer-Jacobsen

Ein Tag

Der heutige Tag
war ohne Verführung –
die Begegnungen hinterließen
keine Spuren. Die Sorgen
waren des Jammerns müde
Kummer kümmerte vor sich hin
ziellos irrten die Ziele umher und
alle Wünsche waren bedürfnislos.
Was sich sonst noch tat, war nicht
der Rede wert bis auf eines:
Am Nachmittag musste ich niesen –
vier Mal hintereinander.

Robert Höpfner

Wäre ich ein anderer

brächte mich die Morgensonne zum Strahlen
müsste ich keine Träume abschütteln
schlüge ich im Büro Purzelbäume
wüsste ich immer, was zu tun ist
sähe ich die Welt mit offenen Augen
vergäße ich zu denken

trüge ich nicht nur dich
sondern auch mich auf Händen
fände ich bei allen Gelegenheiten
die richtigen Worte
würde ich vergeben…

…aber so?

Robert Höpfner

Mein bester Freund

Mit meinem besten Freund
verstehe ich mich blind. Mit ihm
kann ich über alles reden, immer
hat er ein offenes Ohr für mich.

Mein bester Freund
spürt, wenn es mir nicht gut geht.
Ohne viel Worte zu machen legt er
seine Hand auf meine Schulter.

Mit meinem besten Freund
bin ich auf einer Wellenlänge.
Wir sind füreinander da, sprechen
nie schlecht übereinander.

Mein bester Freund
vergisst jedes Jahr meinen Geburtstag.

Robert Höpfner